LIBRO DI VETTA

(testimonianze di vita alpina)

nome e quota del monte

____

gruppo montuoso di appartenenza

____

il libro è stato portato da

____

SI PREGA DI NON ROVINARE QUESTO
LIBRO E DI LASCIARLO SEMPRE IN UN
LUOGO PROTETTO DALLE INTEMPERIE

PLEASE DO NOT RUIN THIS BOOK
AND ALWAYS LEAVE IT IN A PLACE
PROTECTED BY WEATHER

BITTE RUINIEREN SIE DIESES BUCH
NICHT UND LASSEN SIE ES IMMER AN
EINEM WETTERGESCHÜTZTEN ORT

NO ARRUINES ESTE LIBRO Y SIEMPRE
LO DEJES EN UN LUGAR PROTEGIDO
POR EL CLIMA

Voci acclamanti risuonano
dalle vette dei monti!

Isaia, XLII, II

Vola a' miei monti il cor
né mai qui resta.

1787 Burns

Io credetti e credo la lotta coll'alpe
utile come il lavoro, nobile come
un'arte, bella come una fede.

Guido Rey

Si che di rosa nel chefo vespero
le Marmarole care al Vecellio
rifulgan, palagio di sogni,
eliso di spiriti e di fate

Carducci - Cadore

Si che di rosa nel chefo vespero
le Marmarole care al Vecellio
rifulgan, palagio di sogni,
eliso di spiriti e di fate

Carducci - Cadore

Nella vita bisogna crederci!

Anonimo

Auronzo bella al piano stendesi lunga
tra l'acque sotto la fosca Ajarnola

Carducci - Cadore

e l'Alpe ascende, tempio di silenzio
dove l'uomo, adorando, ascolta l'Iddio

Bertacchi

Se giunto in cima al monte
riuscirai a mantenere la mente
libera da ogni pensiero, allora
lo avrai veramente conquistato.

Di Tommaso

Gesù ... li menò in disparte su un alto monte ...
Pietro prese la parola e disse a Gesù:
Gesù, è bene per noi lo star qui.

San Matteo, XVII, 1-4

Meglio che il nome mio non sia palese
se resto fra le zolle che ho difese.

Un ignoto

Stelle,
indicatemi la via del cielo
la montagna mi abbraccia
nel suo silenzio
ed io,
sono ad un passo da voi.
A ricordo Conti Lino.

Targa al Rif. Popena

Lassù solo lui poteva venirmi a trovare.
Giungeva sibilando tra le rocce nude e
gelide della cima, mentre il mio sguardo
si spegneva nel nulla, come se qualcuno
mi stesse togliendo la cosa che a me
era più cara ...
... la vita.

Di Tommaso

... quel desio
si compia che ti tragge all'alto monte ....

Purgatorio, V, 85

Signore misericordioso,
una grazia ti chiedo:
finché ti piace lasciarmi in vita
fammi camminare per le mie montagne ....

Manara Valgimigli - Il mantello di cebete

Vivere nei cuori che restano non è morire.

Campbell

Monte Grappa, tu sei la mia patria,
sei la stella che addita il cammino
sei la gloria, il volere, il destino
che all'Italia ci fai ritornar.

Canzone del Grappa

La vita è come la sabbia ...
se la tieni stretta nella mano può darti calore,
ma se allenti la presa ti scivola via
e allora tutto è perduto.

Di Tommaso

Perché ciò che sopra ogni cosa ci
è caro cercare là in alto,
non è l'orgoglio e la gloria,
ma la bellezza e la gioia.

Antonio Berti

Noi per le balze e le profonde valli
natar giova tra nembi ....

Giacomo Leopardi

Io credetti e credo la lotta coll'Alpe
utile come il lavoro, nobile come un'arte,
bella come una fede.

Guido Rey

... le nere selve
che pini al vecchio San Marco diedero
turriti in guerra giù tra l'Echinadi.

Anonimo

Assetati invocarono, ed ebber acqua da una rupe
scoscesa e ristoro alla sete da duro macigno.

Sapienza, XI, 4

E in faccia all'immensa natura dispare
lo sterile orgoglio di stupide gare.

Ascolta in silenzio la voce della montagna,
lei ti racconterà storie e leggende di chi
come te ne ha calpestato il suolo.

Di Tommaso

E se l'andare avanti pur vi piace
andatevene su per questa grotta?

Inferno, XXI, 109

Alla roccia stende la mano,
sconvolge dalle radici le montagne ...

Giobbe, XXVIII, 9

Se, in questo tempo di abbandono e di turbamento,
io non dispero ancora nella nostra natura, è grazie a voi,
o venti e cascate sonore, è grazie a voi, o montagne!

W. Wordsworth, The Prelude, I

Sono le cose semplici che l'uomo più ringrazia;
un sorriso di un bambino, il volo di una rondine,
il tramonto del sole, che nella sua lenta discesa
dona calore e tranquillità.

Di Tommaso

Diffusa
anima erri tra i paterni monti ...

Carducci, Cadore

L'altissimo pino è più sovente battuto dai venti ...;
le folgori colpiscono le vette dei monti.

Orazio, Odi, II, 10

L'altissimo pino è più sovente battuto dai venti ...;
le folgori colpiscono le vette dei monti.

Orazio, Odi, II, 10

L'alpinismo non è stato creato dai montanari,
ma dai cittadini.

Ab. J. Henry, Alpinisme

Il silenzio era intorno a noi ... Don!
... un colpo secco e il campanile ritornò a suonare.

Di Tommaso, Campanile Toro

Su, su senza tardare, in forte speme, su!
Alta, larga, magnifica mi s'apre là d'intorno
la vista su la vita! Di cima in cima spazia
lo spirito che, eterno, vita eterna respira.

Goethe

... su per i monti ... gli uomini cadono più facilmente
e più frequentemente nello scendere che nel salire.

G. Grataroli

La montagna è fatta per tutti, non solo per gli alpinisti:
per coloro che desiderano il riposo nella quiete,
come per coloro che cercano nella fatica
un riposo ancora più forte.

Guido Rey

È sulle montagne, sulle loro cime
silenziose, che il pensiero, meno
oppresso, è più veramente attivo.

P. De Sénancour, Obermann

Come folgore dal cielo ... come nembo di tempesta.

Coro della Folgore

Non tutti i sassi che si muovono cadono
e non tutti i sassi stabili non cadono.

Di Tommaso

Ho sussurrato il tuo nome in cima alla parete Nera,
ho ascoltato la tua voce alla Forcella di Planòl,
ho sognato il tuo sorriso tra i ghiacciai del Gepatsch Ferner.
Il tuo nome, la tua voce e il tuo sorriso volano ora nel vento
e corrono liberi in un raggio di sole ...

Fabio Cammelli

Come sono belle, Signore, le tue montagne,
quanta felicità nel salirle, quanta malinconia nel lasciarle.
Addio monti della nostra giovinezza,
addio monti della nostra estate,
ma un giorno ritorneremo,
forse solo con il cuore, ma ritorneremo

Roberto Zuccolo, Biv. De Toni

Dolce dal cielo scende la pioggia,
a bagnare il mio viso
e a nasconder il mio pianto.

Di Tommaso

Pensare a me quassù e gli altri laggiù
a tribolare, mi fa sentire il più ricco del mondo.

Mariasci

Fortitudo Eius Rhodum Tenuit.

F.E.R.T.

Oggi è il primo giorno
del tempo che ci resta.

Anonimo

Ai piedi dell'Augusta altezza
giace l'ingresso di un mondo perduto
in cui gli invalidi con fiera fermezza
proteggono il sigillo per sempre ceduto.

Di Tommaso

Potran queste gole sforzare, o qui sol
aprirsi il sentiero, s'han d'aquila il vol.

Natale Talamini

E in faccia all'immensa natura dispare
lo sterile orgoglio di stupide gare.

Natale Talamini

Possano questi versi
accender nei tuoi occhi persi,
la luce di quel sole
che nel mio cuore
si chiama amore.

Di Tommaso

Compite ascensioni se volete, ma ricordatevi che il coraggio
e la forza non valgono nulla senza la prudenza, che un
attimo di negligenza può distruggere la felicità di tutta una vita.

Edward Whymper

Non fate nulla precipitosamente, abbiate cura di
ognuno dei vostri passi e, all'inizio di una gita,
pensate sempre quale può essere la fine.

Edward Whymper

Un granello di follia sta alla base dell'alpinismo.
Da questo granello deriva la sua nobiltà,
la sua poesia.

Dino Buzzati

Al soave raggiar di primavera
si scoscendono i ghiacciai, e già
rinverde di speranze la valle.

A. Boito

Ci portammo oltre, e de' Ciclopi altieri
che vivon senza leggi, a vista fummo;
... de' monti eccelsi
dimoran per cime, o in antri cavi.

Omero, Odissea, IX

S'era foggiata un'anima rupestre
piena di selve e di aquile.

G. Bertacchi

Super montem excelsum ascende.
Sopra un monte elevato sali tu.

Isaia, XL, 9

Su, su, senza tardare, in forte speme, su!
Alta, larga, magnifica mi s'apre là d'intorno
la vista su la vita!
Di cima in cima spazia lo spirito che, eterno,
vita eterna respira.

Goethe

... fra quelle balze sublimi, in quel silenzio solenne, fra
quelle grandiosità ineffabili della natura, due settimane
vissute danno forza a sopportare nobilmente
per anni le miserie che ci travagliano al basso.

M. Lessona

Col di Lana sacro colle dall'orror delle tue zolle
pace al mondo grida implora che mai guerra sia ognora.

Anonimo

Vivi meglio che puoi, pensa meglio che puoi e fai
del tuo meglio oggi. Perché l'oggi sarà presto
il domani e il domani sarà presto l'eterno.

A. Siro

... e cresceranno sempre ai suoi piedi i rossi rododendri
e le nigritelle vermiglie, a rammentargli le glorie
che sembrani leggende ...

Attilio Del Monego, Monte Piana

L'unica Disgrazia che dovevamo incontrare,
fu quella di dover lassù lasciare
il ricordo di quella tranquillità
immersa nel silenzio e nell'oscurità.

Di Tommaso - Monte Disgrazia

Le montagne sono le uniche stelle
che possiamo raggiungere a piedi ...

Fabrizio Caramagna

La bella rupe mia sarebbe fiera
il suo morto poeta di portar,
e mi vorrebbe ad ogni primavera
di mille fior selvaggi incoronar ...

A. Fogazzaro

Scende la pioggia sul bosco,
si ode un suono di sottofondo,
è la natura che sta crescendo.

Di Tommaso - Sasso del Pozzo

Si come valli voltate ad aquilone
dove luce del sol mai non discende.

Dante

È il cuore che fa il vero alpinista.

Ch. Simon

Bisogna essere coraggiosissimi, osare
molto, ardire, essere testardi,
ma pur sempre prudenti.
Si muore una volta sola, purtroppo.

Amilcare Crétier

Non tendiamo troppo in alto,
per non precipitare troppo in basso.

Schiller

Inchiniamoci di fronte ad un eroismo
che ha onorato la montagna al di sopra
di ogni confine di nazione.

Antonio Berti - Guerra in Ampezzo e Cadore

In alto i segni neri che non
potevano essere aquile, ma vampiri
ebbri della mia avventura.

E. Sebastiani

Possan quest'acque limpide,
quest'aura imbalsamata
nuovo vigor infonderti
oh Margerita amata!

Fausta Foramiti

Fur del mondo
per un sentiero oscuro,
or devo andare:
veglia su me da lungi,
luna delle montagne.

Izumi Sikibu

Con immenso frastuono
cozzano i venti in prova,
scroscia la greve piova,
mugghia e sprofonda il tuono.

A. Grif

L'arte che di salir trovò la via.

A. Volta

Ma l'Alpi son piano per l'uomo codardo;
e all'Alpi son ampie pianure al gagliardo.

Natale Talamini

... ed ecco i vasti
corpi sorger de' monti, in fra le nubi
le larghe sollevar sassose terga
e alteramente al cielo erger le fronti.

Milton, *Il paradiso perduto*

I dolomitisti hanno il friabile nel sangue ...
... spesso anche sulle mani e sotto i piedi.

Di Tommaso & Zangrando

Poveretti voi se non sentite il linguaggio dei monti!
È un linguaggio che s'intende, non s'interpreta né si traduce ...

A. Stoppani, Il bel Paese

PROLOGO

Il tempo cammina e, uno dopo l'altro, noi entriamo nell'ombra, lo sguardo ancora fisso al fulgore dei monti. Ma essi brillano, sopra i destini umani, oltre le generazioni future nella loro inesausta bellezza.

Tutti gli anni accendono in mille cuori giovanili e benedetti la fiamma santa e pura dell'amore che anela all'eternità delle cime. E mentre noi ci prepariamo, titubanti ed incerti, al grande passo, ecco, arrivano le balde schiere, dieci, cento forse, per ognuno di noi. Figure slanciate, nella loro primavera, come un giorno siamo stati noi. Ci salutano, mentre noi, fermi al margine della via, indichiamo l'altezza.

A tutti, dal cuore, l'evviva dei monti.

G. Kugy

TERMINATO IL LIBRO SI PREGA DI
AVVISARE LA SOCIETÀ O LA PERSONA
CHE HA PORTATO QUESTO LIBRO

<< ... sempre il mio cuore
è dei miei monti in cima. >>
                    Burns

9 781700 110176